Heinz Johnsen

De lütte Buurvaagt

Dööntje, Riemels un Speelwark

Verlag der
Buchhandlung Reichel

Freu di !

Freu di, wenn dat blöhen deit,
wenn de Sünn an Heven steiht!

Freu di över Kinnerlachen,
in't Koophuus över Billigsachen!

Freu di ok maal över Regen,
för de Natuur is dat'n Segen!

Freu di, wenn sik anner freut,
in Winter över warme Feut!

Freu di, arbeit een as dull,
du hest doch de Snuut von vull!

Argers du di, kannst mi glöven,
denn doot bestimmt sik anner högen!

Fründschop

Fründschop mutt Kritik verdregen;
Fründschop kann ok Wohrheit af;
Fründschop mutt ok swiegen könen;
Fründschop bruukt ok düchtig Kraft;
Fründschop över vele Johren;
Fründschop heet, dörch dick un dünn
för den Annern dortoween –
ok maal in'n lege Stünn.

Sünnschien

Güstern eerst un morgen wedder
schient de Sünn von Heven daal.
Regen, segg ick di, mien Fründ,
fallt denn sach een anner Maal.
Maal is luut un maal is liesen,
maal is dunkel, maal is hell,
maal is lachen, maal is wenen.
Blots de goten Stünn - de tell.
Ja, so is nu maal dat Leven,
Deepen gifft dat un ok Höh'n,
aver ünnern Strich, mien Bester,
is dat Leven doch sach schöön.

Een Boom

Een Boom stünn op'n Rüsterbarg,
sach hunnert Johrn oolt,
harr all de Johrn sien Bläderkleed.
Weer kerngesund in't Holt.
De Vagels sungen in de Twiegen,
un Schadden smeet he op'e Eer.
Nu hett de Saag em daalhoolt,
as wenn he gor nix weer.
Katteker hebbt den Boom eens plant,
so wull dat numaal de Natuur.
De Minsch, de düch sik wedder klöker –
un een Stück leerer is de Flur.

Weeßt du dat noch?

Weeßt du dat noch...
   Wi dree, wi weren ja noch lütt,
   speel'n jümmers op'e Straten.
   Wi buten Höhlen, speelten Tikker,
   meist speelten wi Suldaten.

Weeßt du dat noch...
   As wi een beten grötter weern,
   de eerste Zigarett!
   un müssen gau to Bett.

Weeßt du dat noch...
   As wi bi Adolf Pimpfe weern,
   uns Modders weern an dullen,
   uns Olen legen an'e Front.
   Dien Vader in noch fullen.

Weeßt Du dat noch...
   As wi een beten öller weern,
   du harrst de eerste Bruut;
   ji güngen beid' Hand in Hand,
   wi lachen ju wat ut.

Weeßt Du dat noch...
    De Schooltiet weer mit eens to Enn,
    mit eens do weern wi groot.
    Dat Jagen na een Lehrstell,
    wi dregen nu'n Hoot.

Weeßt du dat noch...
    Du weerst de Eerst de freen de
    du müß, will ik maal seggen,
    De Tieden weern ja noch anners,
    man leet de Deern nich hängen.

Weeßt du dat noch...
    As ik denn mien Marlene kreeg,
    dien Tweeschen lepen al.
    Se streien Blomen in de Kark,
    so as dat wesen schall.

Weeßt du dat noch...
    Ji güngen in de wiede Welt
    un funnen dor dat Glück.
    Nu hett de Heimat ju ja wedder.
    In't Öller keem ji trüch.

    Na dörtig Johr seht wi uns wedder;
    wi staht an't Graff von unsen Hein,
    snackt över lang vergeten Tieden
    un wo vergänglich unser Sein.

Besöök hebben

„Man süht sik blots op'e Beerdigung. Dat mutt anners warrn." Hett Onkel Willy domals seggt, as wi Olga-Tante wegbröchen. „Eenmal in't Johr mutt de Familie tohoop kamen. Jümmers ümschichtig, eenmal in Preetz, dat anner Johr in Flensborg, denn in Bramstedt un denn in Schülp." Un so warrt dat nu maakt.

Düt Johr weern wi an'e Reeg. Un wi harrn uns dat wat kosten laten. Dat will ik di seggen. Dat Sofa, twee Sessels un de Eckbank harrn wi nie betrecken laten. Ik harr ja dacht, dat güng noch een poor Johr, aver Marlene meen, wi wullen uns mit den ooltbackschen, sleetschen Betoch vör de noble Verwandtschop nich blameern. Na ja, un bevör dat wedder Striet geven deit…

Marlene harr sik wedder Möh geven. Rouladen, dree Sorten Grööntüüg, Kantüffel, Champignon-Creme-Supp un achterran Ies, dat wull se op'n Disch kriegen. Un denn keem de Besöök. Onkel Willy un Tante Alma. Vedder Fritz mit Ida, sien Fru. Carola, wat mien Cousine is, Otti von Modders Siet, un Lisa un Erich mit eer Tweeschen, twee söte Deerns vun fief Johr un teemlich in't glieke Öller as Hjördis un Börje, uns Enkelkinner. Heidrun, Sven un Ingmar, uns Kinner natüürlich ok, versteit sik.

Wat'n Hallo un Gejuche, as de Bagaasch so een na'n annern antrudelt keem. Marlene, mit roden Kopp jümmers twüschen Stuuv un Köök hin un her. Schört af, Schört üm. Aver helpen leet se sik ja nich.

Ik harr allens in Griff. Twee Buddeln Sherry to'n Empfang weern gau leddig. De Krankheiten harrn wi ok all dörchsnackt, un elkeen weer tofreden, dat sien Wehdaag leger weer as den anner sien.

Un denn güng dat endlich an'e Krüff. As Marlene mit de Champignon-Supp keem, stell sik rut, dat Cousine Lisa keen Pilze verdregen kunn. Lisa verzich op Supp. Dorbi hett se smeckt, harrst di rinsetten kunnt.

Denn stünn Vedder Fritz op. Dat deit he siet tein Johr, jümmers na de Supp. Un denn hölt he sien Reed. Un to'n Sluß sä he: „Und tut der Bauch auch noch so weh, ein Hoch der guten Küchenfee!" Wi sünd denn all opstahn, un hebbt op Marlene un ehr Köök drunken.

Nu keem de Hauptgang: Rouladen. Un do fung dat Drama an. Onkel Willy un Tante Alma, beid över achtig, eten keen Rindfleesch mehr. Vun wegen BSE un so. Weer nix to maken. Do worr so lang un breet över snackt, dat Cousine Carola nu ok lever keen Rouladen mehr eten wull. Se weer ja noch so jung mit ehr fiefunveerdig, meen se.

Marlene hett denn gau een poor Eier in'e Pann haut. De müß se aver noch rümsmieten, dat dat Gele von de Eier ok dörch is, wegen Salmonellen, - na ja. Endlich weern wi trecht mit Eten. Hett fein smeckt. Liekers, een Barg Rouladen müß Marlene noch in'ne Truhe pakken. Wat schast maken.

Ik bün denn mit de leve Verwandtschop noch'n beten an Kanal spazeern gahn. To Verdauung un to'n Scheep bekieken. So harr Marlene Roh, ehr Köök to maken. As wi wedder trüch weern, harr se den Kaffeedisch al deckt. Veer Torten, twee grote Tellern mit Plattenkoken un Plätten stünnen op'n Disch. As se mit'n Kaffee rinkeem, dor marken wi, dat een vun uns Hunnenschiet mit rinsleept harr. All noch maal gau na buten vör de Döör un Schoh bekieken. Erich harr sik nich de Schoh afpeddt un kreeg nu een düchtige Flaag vun sien Lisa.

För de veer Lütten harr Marlene in'ne Eeteck 'n Extradisch opbuut. Se harrn op'e Eckbank sik daalsett un nu ehr Riek för sik. Se seten nu bi Bruus un Negerküß un weern heel vergnöögt.

Wi Groten hebbt uns dat in 'e Grootstuuv fein komodig maakt. Un wenn se ok all seggt hebbt, se weern noch so vull von Meddag, se wullen blots 'n Tass Kaffee hebben, as Marlene de eerste Tort ansneed, hett keeneen ne seggt.

Mit eens do güng dat Brüllen loos. Lütt Anke harr'n Negerkuß an Kopp kregen. De Veer harrn sik dormit smeten. Twee vun de Swattwitten kleevten an'e Tapeet un twee weern breet as'n Pannkoken un harrn dat Jacquard-Muster vun de niege Polsterung annahmen. Marlene hett se denn mit'n Mess afkratzt. So goot as dat güng.

Ik weet nich, wat Marlene dat würklich so meent hett, as se to de Mutties seggen de: „Ach, nu laat man dat Schimpen. Se sünd ja noch so lütt."

Wi Mannslüüd hebbt denn bit to'n Avendbroot Skat speelt. Dorbi heff ik noch twintig Mark wunnen. Ik harr aver ok 'n Blatt, segg ik di! Na ja, un denn is de Besöök bi lütten wedder na Huus föhrt.

Se hebbt sik bi mi düchtig bedankt för den schönen Daag, - ok bi Marlene. As se all weg weern, heff ik eerstmal mien Meddagstünn nahollt. Ik weer aver ok kaputt.

As ik utslapen harr, leeg Marlene in'e Kneen un weer dorbi, den Perser-Teppich sauber to maken.

Worr Tiet! De Eckbank warrt wi nie betrecken laten, hölp nix, wat ween mutt, mutt ween.

Liekers, - dat weer een richtig schönen Daag, un Marlene hett nickköppt as ik meen. „Man hett ja sachts 'n beten Arbeit hatt, aver de Hauptsaak is, dat de Besöök sik bi uns komodig föhlt hett. Un dat hett he!"

Fröhjohr

Güstern pedd ik eenmal wedder,
mit mien Fru de Feldmark af.
„Kiek, dor neern een Sprung Rehwild,
un wo gröön is al dat Gras."
„Süh, de Lark stiggt al to Heven,
Kievitt gaukelt op uns daal."
Fröhjohr is dat allerwegens,
blots wi Twee, - dat weer eenmal.

De Spargeltiet

Endlich ist dat nu so wiet,
se is nu do, de Spargeltiet!
Ik mutt do fröher faak an dinken:
Dat Best' an' Spargel is de Schinken.
Nu seh ik dat ut anner Sicht
un dat keem so, – hier de Geschicht:

Krischen, de is Spargelbuur.
He harr keen Lüüd, un de sik suur.
De Spargel weer nu endlich dor,
un steken möten se nu ja.
Heinz, seggt he: „Du büst op Verlehn,
da müß dat för di doch wat ween.
Du lehrst bi mi dat Spargelsteken“
Dree Stünn' de Daag, un dat tein Weken.“

Dree Stünn' de Daag, dat ik nich lach.
Dat maakst mit links, - heff ik mi dach.
Werner und Horst, mien Naversfrünn,
de kunn ik ok dorto gewinn.
Klock söben stünnen wi op'n Feld.
Ik keem mi vör, so as'n Held.

„Kiek hier“, segg Krischen, „in'ne Kneen,
hier brickt de Eer – nu warrd ji sehn.

Den Spargelkopp, den maakt ji frie
Ganz von de Eer, - un dat mit Plie.
De Spargel, de mutt lang ja ween,
brickst du em af, denn is gescheh'n.
Un denn dat Isen hier, to'n steken,
an Spargel daal, dor kannst mit reken.
Een kotten Stoot, - un he is af.
Nu hest du em, - nu büst du baff."
Dat güng ja fein, dat is'n Klacks.
Nu ik – dor was de Kopp al af.
„Keen Meister is vun Heven fullen,
glieks hest dat rut, bruukst nich to dullen."
Dat segg uns Krischen, un ging weg.
Bald harrn wi't rut, un gar nich slecht.
Un ohne Lehrgang mööt ji weten,
de sowat bruukt, de kannst vergeten.

Mit söben Mann güng dat Reeg um Reeg
un dat weer doch'n suren Weeg.
Denn ungewohnte Arbeit drückt.
Bi'n Spargelsteken man sik bückt!

Ik weer mien Reeg noch nich half daal,
harr al in't Krüüz – un dat fataal.
Dat schall keen marken, würklich keen,
mien Mackers de schüllt mi maal sehn.
Wat ik förn Spargelsteker bün.
Bi sowat fall ik noch nich üm.

Dat segg ik di, nu weeßt Bescheed!
(un full över een Spargelbeet)

So gung dat denn de Regen lang,
mit weke Kneen, Gott si Dank,
harrn ok mien Mackers ehr Problem.
De kunn man in de Regen sehn,
denn hier un dor, deen se verstahlen,
denn ok dat Krüüz sik eenmal halen.
Un endlich weer de Tiet denn rüm,
nu güng dat an de Kaffeestünn.
Twölf Kissen harrn wi strichenvull
un Krischen freu sik, spargeldull.

Un segg denn: „Na ji dree ut Schülp,
mi dücht ji sünd nu fein in' Bild.
Un morgen dörvt ji wedderkamen.
Ik segg dat ok in Erichs Namen,
he hett ji tosehn, ji hebbt Talent,
ji stickt denn Spargel ganz patent!“
Denn Erich, wat uns Vörmann is,
de kennt wat von, dat is so wiß.

Tohuus worr duscht un denn wat eten.
Op Sofa daal un nich vergeten,
uns Fruuns smeern uns denn Rüch denn in,
dormit wi morgen fit ok sünd.
Den eersten Daag, dat geev ik to,

passeer nich veel, ik weer k. o.

De Weken güngen över Land.
Wi harrn al lang Spargelverstand.
Un veerteihn Lüüd stünn nu paraten,
Krischen sien besten – Sticksoldaten.

Of Sünn, of Regen oder Snee.
Ok Pingsten deit bi uns nich weh.
Of Modderdag, of Himmelfahrt,
wi stickt den Spargel akkuraat.

In Gummistevel, ole Klamotten,
fröhtiets op'e Spargelkoppel.
Den Strohhoot op, nich to vergeten,
dat blifft denn dröög, dat ji dat weten.
De Hannen mit Eutersalv besmeert,
dat schoont de Hannen, dat is wat weert.
De lüttjen Tricks hest lang paraat,
kiek mi maal an, - dat is'n Staat.

Denn Spargelsteken künnt nich all
du bruukst Talent op jeden Fall,
Utduur un ok düchtig Kraft.
Weekeier, de sünd veel to schlaff.

Nu weet ji dat, - uns kriggst nich mürr.
Ji fraagt, woso de Spargel düür?
Düür is he nich, de poor Moneten.

Ja, Spargel is nich blots so'n Eten.
Eet maal den Spargel ut de Hand,
eet em mit beten Sachverstand.
Of Schwitze oder Bottersoß,
ok Hollandaise de maakt em groß.

Denn Spargel du, ik mutt an dinken,
de Spargel smeckt ok ohne Schinken.
Ut Luhnstedt aver mutt he ween,
denn smeckt he ok, du warst dat sehn.
Luhnstedter Spargel is frisch stoken,
de hett noch nie 'n Köhlhuus roken.

Föhrst du mien Fründ mal över Land,
gönn Spargel di ut – eerste Hand –
Ik segg dat, as ik dat so finn,
ik meen dat goot mit di, mien Fründ.
Denn de Moraal vun de Geschicht:
Luhnstedter Spargel, een Gedicht!

Vergeten

So is dat, wenn man öller warrt,
man löppt ok maal umsünst.
Du steihst denn vör de Kökendöör
un gruvelst denn opstunns.
Wat wull ik denn, dat is doch dull,
ik heff dat rein vergeten.
Loop gau maal trüch,
denn fallt di't in.
Denn warst dat wedder weten.

Mückenplagen

Dat Mücken nich ganz fründlich sünd,
ik meen, dat weet doch elkeen Kind.
Geihst du to Holt sach geern spazeern,
kannst du op af, se hebbt di geern.
An Arm un Nacken un an Dööts,
dor piesackt se di, düsse Flöötz.
Besünners in de Avendstünn,
wenn du tohuus mit een paar Fründ
noch geern een beten snacken deist,
du kennst dat ja, denn hest dien Freud.
Wenn't suust un bruust op de Terrass,
een Mückenswarm vun Sonnerklass.
Man haut un kratzt, de Huut warrt root,
de Mückenbruut de mutt doch doot.
Doch ik, dat mutt ik hier gesteh'n,
maak över doothauen gornich ween.
Ik puust ehr weg, - ja ganz in Eernst,
de Tuchterfolge von mien Deerns.

De beiden staht geern Stünn üm Stünn,
an Opas swatte Regentünn.
Da plümpert se mit Glas un Dosen
bit pitschenatt sünd Rock un Hosen.
„Hier wedder een – woveel hest du?"

„Nu mach den Deckel man schnell zu!"
De Mückenlarven mit Entzücken,
doot düchtig hin un her denn rücken.
Un wenn se sluppt, de Mückenbruut,
dat is doch kloor, se wüllt denn rut.
Wenn se een Deern erlösen deit,
denn suust se af mit Lust un Freud,
söök sik denn jichtenswo ´n Boss,
suugt sik denn voll na Hartenslust.
Ja düsse Deerten de gaht ran –
fang nu von vörn man wedder an.

Swedenurlaub

Üm goot Wedder hebbt wi beden.
Urlaub is, - dat geiht na Sweden!
Twee Weken lang, dor worr al packt,
Kledaasch, dat is Marlenes Saak.
Wat wichtig is, sünd mien Rebeten,
Schipptickets, Utwies un Moneten.
För düsse Saken bruukt man ja
veel Översicht, un de is da.
De Angeln möten ok noch trecht,
in Sweden geiht dat op'n Hecht.
De Wagen is bit baben full,
hest veel te veel mit, - is ja dull.
Den Snaps, den heff ik goot versteken
(dor kriggst ja nix in de twee Weken.)
Un endlich geiht dat denn ja loos,
Marlene, ik, de ganze Choos.
Wi hoolt kott bi de Kinner an:
„Adjüüs ji veer, un hoolt juuch stramm."
„Un Oma, Opa, een Bitt,
bring uns ok wat ut Sweden mit!"
Denn geiht dat loos na uns Ziel,
wi fohrt mit'n Damper af von Kiel.
An Boord dor eet wi à la carte,
wi hebbt ja noch een lange Fahrt.

Un as wi seten so bi Disch,
bestell Marlene sik denn Fisch.
Se meent, de Lachs de keem ehr recht
un smeckt ok beter as mien Hecht.
An tokamen Daag, so gegen negen,
güng dat von Boord, dat weer'n Segen,
denn slapen hebbt wi beid' man slecht,
de Autofohrt keem uns jüst recht.
De Fohrt weer goot, bi dree so lütten,
do keem wi an bi unse Hütten.
En lütt smuck Huus, un fein an See,
mien Anglerhart dat kloppt, - o weh,
Marlene sä: „Eerst packt wi ut!"
Se sä dat barsch un beten luut.

„Denk nich blots an diene Saken,
ik will ok beten Urlaub maken!"
Na ja, de Klökere gifft na.
De Fisch is annerdaags noch da.
Tokamen Daag, so bi Klock söven,
güng ik to'n See, to'n angeln öven.
Ik weer al'n ganze Tiet an See,
(von Stahn deen mi de Kneen al weh.)
Dor kreeg ik Biss, - un hau glieks an.
Verleer dat Liekgewicht, - un dann, -
Mehr will ik nich dorvon vertellen.
För mi sünd dat ok oolt Kamellen.

Du hest, so glööv ik, Phantasien –
Marlene hung mi an de Lien.

Nu weer se hin, de Angelwuut,
Marlene meen, dat is ok gut,
denn twee Mann för so'n groten Heek,
wi eet dorvon ja 'n ganze Week.
Du kannst ja Schreiben oder lesen.
Die Seele soll uns hier genesen.

Ik also fung dat Dichten an
in Sweden, ünner een Dann.
Pilze sammeln, Bickbeeren plücken,
na Preiselbeeren deen wi uns bücken.
De Elch de stünn bi't Huus to'n Äsen.
„Dat is viellich en groot Gewesen."
De veerteihn Daag de weern gau rüm.
In Sweden harrn wi schöne Stünn.
Üm uns rüm weer blots Natuur,
von Aldaagshektik keen Spur.
To Huus wörr düchtig von't vertellt.
Geschenk utpackt, - wat kost de Welt.

Na Sweden geiht dat anner Johr
ok wedder hin, - is hüüt al kloor.
Doch angeln, segg ik hier eenmal,
ik angel blots noch in'n Kanal.

Wull't 'n Cremeschnitt?

Mien Opa, - nich, - wat mien Vadder sien Vadder weer, harr in Preetz, in'e Kührenerstraat 25 een Schoosterwarksteed.

„Na un," seggst du, „to de Tiet seet in Preetz in jede Eck een Schooster." – Dat stimmt woll, aver mien Opa weer Amtsschooster. He seet mit sien beid'n Bröder, Onkel Fritz un Onkel Detel, - twee Eenspänner, - ünner't Dack, in ehr lütt Warksteed un harrn düchtig to doon. Ik seh de Kutschen noch vör de Döör stahn, wenn de Grootbuurn keemen, sik Stevel afhollen, or anmeten leeten. Riedstevel, dat weer Opa sien Rebeet. Ok na Rendsborg hebbt se levert. Un Kunnschop harrn se sogoor in Sweden.

Vadder vertell, dat he un sien Bröder jümmers dat tosneden Ledder na de Gesellen bringen müß, de överall in de Stadt wahnen deen. De müssen denn de Stevel tohoop neihen. Ja, dat hett fröher ok al Heimarbeit geven.

„Een Daag harr Onkel Fritz na mi ropen," so vertell Vadder, ik schull Arbeit na de Gesellen bringen. Ik weer aver nich in't Huus. De Fru von een Gesellen weer jüst dor un harr fardige Stevel bröcht. „Ik heff Hans sehn, he keem jüst bi Bäcker Heinrich rut, mit'n Cremeschnitt in'e Hand." As ik nu bi Huus keem, güng dat loos:

„Wo harrst du dat Geld her?" „Ik heff'n Sack Knaaken op Feld sammelt." „Wo hest du den Sack her?" „Ik heff Arbeit na de Gesellen bröcht." „Wo is de Sack?" „Denn heff ik mit verköfft." – Do geef dat'n Tracht Prügel. „Nu gah rop to Onkel Fritz un bring de Arbeit weg." „Na Hans," sä Onkel Fritz, as ik mit Tranen in de Ogen vör em stünn, „wat hett denn beter smeckt, dat Jackvull or de Cremeschnitt?" „De Cremeschnitt."

Later, veel later, hett Onkel Fritz mien junge Fru de Geschicht vertellt. Un nu krieg ik, wenn jümmers dat to pass is, von mien Fru de Fraag stellt, - ok nu noch, na uns Golden Hochtiet, „Hans, wull't 'n Cremeschnitt?"

Snickenplaag

Pickswatt, so kennt wi se von fröher,
Mit beten Sand, so op'n Steert.
Wi maken dor'n Bagen rüm.
Dat warrt bald regen, - worr uns lehrt.
Nu gifft se ok in anner Farben,
getigert un in orange-bruun,
un wenn dat beten düüster warrt,
kaamt se von'n Naver, ünner'n Tuun.
Denn unse Eerbeeren smeckt sachs beter,
un ok uns Astern möögt se geern.
'n Invaschion kannst dorto seggen,
se kaamt von nah, se kaamt von feern.
Ja, düt Johr weer dat rein to dull.
Du wüßt di würklich nich to bargen,
un wenn de Fru nich sammeln wörr,
denn leeg de Goorn bald im argen.
Marlene kleit mit Hark un Schüffel
de Beester ut uns Goorn rut.
Un hett se'n Dutten denn tofaat,
denn kaamt se in een groten Putt,
de driggt se denn in Naver's Wischen.
Doot maken, ne dat deit se nich.
Un annern Daag hebbt wi se wedder,
dat hest nu maal bi de Geschicht.

De Himbeerworm

Ik sett as al de Johrn ja
Denn Rumpott an, dat is doch kloor.
Mit Eerdbeeren fang ik jümmers an,
denn kaamt de annern Früchten ran.
Un endlich is dat ja so wiet,
wi hebbt se faat, de Himbeertiet.
De Himbeeren söök ik enkelt ut,
blots gode för denn Rumpott-Putt.
Mit eens, ik seet so ganz alleen,
vör miene Huusdöör op'n Steen.
Do kiekt mi an, un dat mit Zorn,
so'n lütten frechen Himbeerworm.
Un fang ok glieks dat Snacken an:

„Du deist mi nich in düssen Kram.
Ne, ik verdreeg ja nich denn Rum,
ik fall foorts in Delirium.
Denn hau ik üm mi, as man keen,
du warst di wunnern, warst dat sehn."

Dat Risiko weer mi to groot.
Ik pack em suutje in mien Hoot
Un sett em op'n Himbeerblatt,
ik glööv, he fritt sik nu noch satt.

Wat wiest uns dat ja wedder nur?
Nimm Rücksicht op de Kreatur!

Laat em susen

Du dachst, du harrst'n goden Fründ?
He hett di lang vergeten.
Denn as du em de Wohrheit sääst,
harrst du bi em verscheten.

De Buurvaagt

De Buurvaagt is faken ja een Mann,
de mit vele Wöör nix seggen kann.
Dagdääglich kannst du dat beleven,
to allens mutt he sien Semp to geven.
Dat mutt so ween, du markst dat schon,
he is ´n wichtige Persoon.
Straatenbu un Umweltschutz,
Bebuungsplaans, Hundeschmutz,
Naversstriet un Güllestinken,
Lorbeeren doot nich jümmers winken.
Kennt sien` Statistik, sien` Finanzen,
in't Dörp lett he de Poppen danzen.
De Buurvaagt weet von allens Bescheed,
maakt mit de Snuut, wat he nich weet.
Du weeßt doch, wo ik dat so meen?
Un ik weer ok ja maal so een.

Se kaamt!

„Du, Hein, du, segg, - wat is blots loos,
in elkeen Dörp warrt schrubbt un streken,
warrt harkt un klütert dull as dull?"-
„Tja, Werner, du, - dat is dat Teken,
de Kommischion von't „Schöne Dörp",
de geiht dörch Dörper, dörch de Straten –
kiekt in de Goorn, kiekt achter'n Knick,
un kann dat seker ok nich laten, de Kark
un School maal Daag to seggen, -
of dor noch Stoff liggt, - op'e Bank."

„Man goot, uns Schieteck is nu weg.
Is güstern affohrt, Gott si Dank!"
„De Sportplatz, de wart ok bekeken,
de Kinnergoorn, den Jöögderuum, -
woans süht dat in'e Feldmark ut. –
De Lüüd kiekt över elkeen Tuun."

„Nu kiek, dor neern kaamt se al!"
„Gau weg! – Ik mutt de Straat noch fegen. –
Fohr al de Schuufkoor op'n Hoff!
Wenn man wat will, mutt man sik rögen!"

„Komm man mit hooch. Ik geev een ut!"
„Mi ducht, uns Dörp dat kann sik mellen –
wi ward uns baben in de Stuuv
maal achter de Gardinen stellen."

Dat fründliche Dörp

Nich wiet vun de Stadt, blangan den Kanal,
dor liggt mien lütt Dörp, un ik segg dat hier maal:
„Dat smukste Dörp, wat du findst up de Welt.
De Hüser, de Straten, de Goorns un dat Feld.
Wat is dat al fründlich un smuk antosehn.
Ja, du muttst mi tostimmen, wenn ik meen:
Wat heff ik för'n Glück, dat ik hier wahn,
mien Herrgott de hett mi richtig belahnt.
Mien Dörp is, - Kinners, ik segg dat hier maal
    Dat fründliche Dörp
    an'n Noord-Oostsee-Kanal."

Dat Jubeljohr

Nu endlich hebbt wi dat tofaten,
wi jiepert dor ja lang al op.
In Rendsborg un ok in mien Dörpen,
dat Jubeljohr – un allens steiht Kopp.
Mit Reden, Singen un Theater,
so fiert wi dat ganze Johr.

(Un wenn dat nix to fiern geev,
wi findt en Grund, nu dat is wohr.)
Achthunnert Johr is Rendsborg oolt.
In Schülp da fiert wi woll döller,
dat kann man seker ok verstahn,
denn föftig Johr is mien Dörp öller.

De Snacker

Nu steiht he wedder eenmal baben –
Un snackt un snackt un findt keen Enn.
He snackt, as will he wat verköpen,
un sweetnatt is sien wittes Hemd.

De Lüüd de köönt al nich mehr sitten
Un denkt, nu holl doch endlich op.
He markt dat nich un snackt noch wieder,
mit Hannen un Fööt un roden Kopp.

Nu endlich hett he woll den Faden.
De Lüüd de meent, dat worr ok Tiet.
Wichtig weern blots sien letzten Wöör:
„Recht goden Aptiet!"

De Hackenbieter

In elkeen Dörp dor gifft dat een,
de jümmers allens weet.
Of Stratenbu, of Kinnergoorn,
he meen, he wüst Bescheed.
He snackt ok geern maal achtern Rüch,
so över Em un Eer.
Ok över den Gemeenderaat,
do geiht he geern tokehr.
He stichelt, wo dat man blots geiht,
smitt Knüppels mang de Been.
Denk di dien Deel, pau överweg.
Wees klöker as den Een.

Ne, ne de Stevel pass di nich!
Ik meen ja ok nich di!
Ik meen den Annern, - weeßt du: Den!
Grööt em doch maal von mi.

Gerd Bellmann –
20 Jahre Landrat

Herr Landrat, miene Damen un Herren.
Ik harr dat egentlich gor nich vör,
vondaag ut Fenster mi to leggen,
denn vele harrn al wat to seggen.
Un to veel Godes is nich goot.
Un liekers nehm ik mi den Moot,
maal Dütt un Dat hier optotellen,
dat kann de Presse ruhig mellen.
Denn wat ik segg is Volkes Stimm,
un dordörch kriggt dat sienen Sinn.

Doch eerstmaal möch ik graleren.
Herr Landrat, un ik do dat geern.
Denn twintig Johr, - dat is ´n Tiet.
Liggt se vör di, denn is dat wiet.
Man kiekt de Johr'n trüch maal even,
denn fraagt man sik, wo sünd se bleven.

Wi kennt uns över twintig Johr, -
Keem' recht goot trecht, so düch mi ja,
un hebbt in Rüsterbargen's – Lunken
al mennig maal'n Punsch dor drunken.

Dat is de Oort de ankam' deit,
un ok uns lütte Lüüd ja freut.
Bi Radfohrn, Beer un Waldloop-Rennen
Lehrt man de Lüüd an besten kennen.
Se weten dat, ja se sünd klook.
Weer dat de Politik doch ok?
De prestert düch mi veel to veel,
schimpt över swatt, root, gröön un geel, -
un wunnert sik denn achterher,
wenn denn dat Wahllokaal blifft leer.
Se leever Landrat snackt graad ut.

Se snackt de Lüüd nich na de Snuut.
Un is de Anner noch so „puttich",
denn anteern Se em eenfach snuttig.
Un doot dorbi, - ik will üm wetten,
ok Een-maal op'n Liekdorn petten.
Man kennt Se ja, - weet Se to nehmen.
Na ja. – Se kaamt ja ok ut Bremen.

Dat Bremer nich ganz eenfach sünd,
ik meen, dat weet ja elkeen Kind.
Hier de Verwaltung, dor Politik,
is kloor, - dat gifft denn ok maal Striet.
Un bi de velen dusent Saken,
dor kann man ja ok Mist maal maken.

Löppt wat verdwars, denn warst dat sehn,
denn is dat wedder keeneen ween.
Ik müch denn ok nich üms Verrecken
In uns Landrat Huut drin stecken.

Denn quarkt un hackt se op em rüm.
Ik fraag se: „Wat hett dat vör'n Sinn?"
Uns Landrat, de wüßt dat doch beter.
Schuld hebbt de klooken Volksvertreter!
Watt lett man em nich frie Hand.
Uns Landrat de hett Sachverstand!
Ik weet, - he woor nich allens dulden –
Man, harrn wi ok nich so veel Schulden.
Nordspange un Müllprobleme,
Flüchtlinge un Stratenbu.
Veel kunn man hier noch optell'n
- von Verständnis keen Spur.

Der Erfolg hat viele Väter –
Glöövt doch nich – wi sünd so dumm.
Männicheen de hett eerst „ne" seggt
Un dreiht sik mit „ja" denn rum.

Schuld hebbt jümmers blots de Annern,
wenn een Saak geht in'ne Büx.
Twintig Johr hett he dat dörchstahn,
un ik fraag hier: „Is dat nix?"

Dorüm möög wi Se, Herr Landrat.
Un wi seggt hier dankesehr.
Danke för de twintig Johr.
Un noch vele achterher.

Datt weer hier blots Volkesstimme.
Doch de Wohrheit as ik mein,
kantig, knuffig sünd Se, Landrat,
urig as Fred Feuerstein.

De weer ok een Mann des Volkes.
Aver nu maak ik hier Sluß.
Gifft dat wedder eenmal Arger:
„Rüsterbargen – Punsch mit Schuß!"

Blots en Minsch

Een Minsch de nie nich fleuten kann,
mi dücht, dat is een armer Mann.
Schient em de Sünn, is dat to warm,
slecht Wedder sleit em op'n Darm.
Dat Eeten kann he nich verdregen.
He seggt, sien Naver is een Legen.
De Arbeit kann he ok nich af.
Se smitt em seker fröh in't Graff.
He meent, sien Fru de geiht sachts fremd,
se kost em noch dat letzte Hemd.
De olen Frünn de kannst vergeten,
de wüllt ja ok nix von em weten.
Un slapen kann he ok man slecht,
un keeneen maakt em ja wat recht.
Dat Leven is vör em ´ne Quaal.
          Süstemaal!
Nu is mien Beer em ok to koolt,
de Keerl de warrt förwiß nich oolt.

De Experte

So een Experte dat is kloor,
de warrt maal bruukt, dat weetst du ja.
Doch snackt he di nich na de Mütz,
denn is he di ja ok nix nütz.
Mien Raat, laat susen düssen Mann
un hool di man'n annern ran.

De Planung

Eerst kümmt de Begeisterung,
Verwirrung achterran,
denn kümmt de Ernüchterung,
wie man dat so nich kann.

Nu geiht glieks dat Söken loos,
denn schullig is ja een.
Un man findt den Öveltäter,
ok wenn he dat nich ween.

Endlich is de Planung dörch.
De Bulüüd kaamt in Horden.
De Mann de nix dormit to doon harr,
de kriggt een Orden.

De Posten

Wenn du een Posten hest,
denn hest du nich blots Frünnen.

Wenn du een Posten hest,
denn tell nich blots de Stünnen.

Wenn du een Posten hest,
överlegg di, wat du seggst.

Wenn du een Posten hest,
giff't Godes un giff't Slecht's.

Wenn du een Posten hest,
laat fief maal grade ween.

Wenn du een Posten hest,
denn wies ok maal de Teen.

Wenn du een Posten hest,
deel de Tiet goot in.

Amenn löppt di de Fru noch weg,
ik fraag di, hett dat Sinn?

Bi't Rote Krüüz

Lang is her, - dor menen poor Damen,
ik weet nich recht mehr ehren Namen,
wokeen dat full as eerste in –
man schull dat Rote Krüüz doch grünnen.
Gesagt, getan, - glieks güng man rüm,
söcht Ünnerschriften för de Stünn,
dormit dat denn ok loosgahn deit,
un ok noog Lüüd sünd bereit,
bi't Rote Krüüz mittomischen.
Man seet bi'n Kröger an de Dischen.
An twintig Lüüd de weern sachts kamen
Un schreven ok glieks ehren Namen,
de Reeg na in'e Liddmaat-List,
so weer de eerste Bidrag wiß.
Man wähl den baberst in'e Reeg:
de Fru de dat an besten leeg.
Een anner Fru de kreeg de Kass
(in't Reken weer se ja een As.)
Een von de Hoochschool schreev de Böker,
man weet dat, Lehrer sünd ja klöker.
De Vörstand stünn, sowiet, so goot,
un de Vereen de stünn in Loot.
Will man bestellen maal en Feld,
dat weet wi al, man bruukt eerst Geld.

So güng man an den Kreisverband:
tweehunnert Mark, - weer allerhand,
un dörtig Mark von de Gemeen
(se weer noch skeptisch un wull sehn,
wat dat denn ok so lopen deit,
denn weer se ok to mehr bereit.)
So güng dat in dat eerste Johr,
nu aller Anfang is ja swaar.
Liddmaten weern nu sößtig al.
Dat weer maal goot op jeden Fall.
Nu gung dat an'e Arbeit foorts
Mit een Erste-Hilfe-Kurs.
Un föfteihn Männer, föfteihn Damen
de sünd to düssen Kursus kamen,
un lernten dor „Verbandanlegen",
wat man dor mitkreeg weer'n Segen.
Dat „Pusten" ok von Mund to Mund,
dat worr dor lehrt in düsse Stund.
Kortüm all Lüüd de hebbt bestahn,
so kunn dat denn ok wieder gahn.
Blootspenden keem denn achterna,
dat weer't denn ok dat eerste Johr.
De Johrn güngen op un daal.
De Vorstand wesselt denn ok maal.
Man liekut güng't den Weg man lang,
man fiert Advent un Erntedank,
Theater, Basteln un Gesang,

Vördrääg un Besichtigungen,
wat för de Öllen, wat för de Jungen.
De Senioren – Danz un – Kegel
Un ok den Utfloog in'e Regel.

Natüürlich warrt ok nich vergeten,
dat schall ok elkeen hier maal weten:
uns Rote Krüüz helpt wo se könn(t),
nich överall dor schient de Sünn.
Eerdbeben gifft dat to beklagen,
Völker könnt sik nich verdragen,
Hunger in de Drütte Welt. –
för düt Elend bruukt man Geld.

Von Huus to Huus gaht unse Damen
Un bitten denn ok üm Erbarmen,
denn wi, wi leevt in Suus un Bruus.
Wo vele hebbt nich een to Huus.
Wo Krieg un Elend jeden Daag,
dor is dat Rote Krüüz bedacht,
en beten Hölp dörch uns to geven.
De Spendengroschen warrt to'n Segen.
Elkeen kann in Not maal ween,
wenn Hölp denn dor is, is dat schöön,
dat Rote Krüüz, dat is so wiß,
fraagt nich, of du ok Liddmaat büst.

Vörbi

Du sittst nich mehr op hoge Peerd,
een anner hett dien Posten.
Du hest nu gor nix mehr to mellen,
un all doot di wat hoosten.

Du kriggst den Posten blots op Tiet.
Dat hest du doch ok weten.
De Oorn de fohrt nu anner in,
dien Planten is vergeten.

De Rüsterbarg

Poor hunnert Johrn sünd dat her,
de Wind güng över Land.
He leep de ole Eider daal
Un pack sik dör den Sand.

He smitt den Sand denn op de Felder,
deckt Gras – un Ploogland to,
un Hügel worrn to Bargen,
de Sand keem nich to Roh.

De Buurn de weern sik enig:
„De Sand nimmt uns dat Broot."
Se fungen an to *rüstern*
Un kregen dat in't Loot.

Mit Moor- un Heidesoden,
Strandhaber von de Küst.
So worrn de Dünen fastmaakt,
ik segg dat, as dat is.

Du steihst nu hier an Rüsterbarg,
kiek di doch eenmal üm,
un gah denn maal na baben hooch,
günn di een schöne Stünn.

Rendsborg Leed

In Rendsborg gifft dat veel to sehn,
fraag elkeen de hier wahnt.
De Hoochbrüch un de Gerhardshain,
un glööv mi, dat sik't lohnt.
Pett maal to Foot de Altstadt af,
kiek di maal Neewark an.
Du bliffst opleevst glieks bi uns
Un singst mit uns tosam':

Mien Rendsborg an de Eider,
mien Rendsborg an Kanal
liggt mehrn in Sleswig-Holsteen
un is op jeden Fall
de smuckste Stadt in'n Noorden
nich wiet vun Meeresstrand,
nich wiet vun Noord- un Oostsee,
in't gröne Binnenland.

In Rendsborg gifft dat smucke Deerns,
smiet di maal fix in Tüch,
spazeer maal an den Stadtsee
över de witte Brüch.
Geihst du an't niege Raathuus lang,
an't Stadttheater ran,

denn hest du al een lüttje Deern
un singst mit ehr tosam'

Mien Rendsborg an de Eider,
mien Rendsborg an Kanal
liggt mehrn in Sleswig-Holsteen
un is op jeden Fall
de smuckste Stadt in'n Noorden
nich wiet vun Meeresstrand,
nich wiet vun Noord- un Oostsee,
in't gröne Binnenland.

Morgen wird gewählt!

...das war's,
so kann man jetzt wohl sagen,
denn morgen ist es nun soweit:
der Wahlkampf ist zu Ende,
ein Schlagabtausch fast ohne Streit.
Das beste Kleid wurd' angezogen,
mit fremden Federn sich geschmückt,
- na ja, man muß sich eben zeigen,
damit es diesmal vielleicht glückt.

Die Einen wollen oben bleiben.
Der Mitbewerber sieht's nicht gern;
er möchte selbst die Mehrheit haben
Und ist davon doch noch so fern.
Hätt' er das Sagen, - wär' es richtig.
Nur eben sagen darf er's nicht,
und somit ist es für ihn wichtig:
man stellt sich in das rechte Licht.

Der liebe Wähler kann's nicht wissen,
wie dies' un jenes wirklich war, -
ein bißchen flunkern kann nicht schaden,
dazu ist auch der Wahlkampf da.
Es wird nicht alles heiß gegessen,
und viele Wege führen nach Rom.

Und Besserwisser gibt es immer,
man lebt damit – und kennt das schon.
Nein, Freunde, ich sage hier zum Schlusse:
egal, wer auch das Ruder hält.
Nur immer bei der Wahrheit bleiben,
sonst leicht man auf die Schnauze fällt.

Uns Water

Ahn Water, dat weet jeder Mann,
de Minschheit sach nich leven kann.
Wi bruukt dat Water för dat Vee,
to'n Eten kaken un för'n Tee,
to'n Rasen sprengen un Blööm begeten
un Wäsch to waschen nich vergeten.
Wi bruukt dat Water ok to'n baden,
för Fööt maal waschen kunn nich schaden.
To'n Grog kann man ok Water doon,
blots nich to veel, du weetst dat schoon.
Düt all hett man ja fröh al weten
Un hett dorüm dat gau begrepen,
hier in Schülp, op düssen Barg,
dor mutt dat hin, dat Waterwark.
Gesagt, getan mit aller Kraft,
warrt gründt glieks een Genossenschaft.
Dat sünd al een poor Johrn her,
un de Anfang weer ok schwer.
Bi so'n Objekt, dat weet de Welt,
dor geiht dat jümmers ok üm Geld.
Mit de Genossen fast in Rüch
güng dat över de smale Brüch.
De Gravens worrn von Hand utsmeten.
De Windturbiin nich to vergeten,

de hier op düssen Dünergrund
hool Water ut'n Eerdenschlund.
Dat ganze Dörp dat dä sik regen.
Se wussen, - Water bringt ok Segen.
De Dörpslüüd weern jümmers op'e Socken,
un mennigeen Leitung woor noch trocken.
Een Pumpenhuus worr later buut,
nu kaamt von dor dat Water rut.
Dat Dörp worr grötter, Straat üm Straat,
un wedder wüß man een Raat:
man kofft dat Grundstück –Moritzbarg-
un seker weer dat Waterwark.
Ik will dat glieks hier maal vertellen,
dat Water kümmt ut gode Quellen,
is billig un goot von Gesmack,
uns Water is Gemeenschafts-Saak.
Un schall dat so ok wieder gahn,
denn mööt wi to uns Water stahn!
Sülfstännig blieven is dat Geboot,
dat anner kriegt wi ok in't Loot.
Laat de Gemeende man twüschen rut,
denn maakt se uns ok nix kaputt.

Bi'n Friseur

Annerdaags weer ik maal wedder
in'e Stadt bi mien Friseur.
Ok wenn ik nix op'n Kopp heff,
eenmal snieden is keen Malöör.
Dree Mann seten ja noch vör mi,
is egaal, ik harr ja Tiet.
Harr ik all de Mappen dörch,
weer dat endlich ok so wiet.
As dat heet: „Der Nächste bitte!",
seet ik meist al op den Stohl.
„Nur den Nacken wohl ein bißchen -
un den Bort." – „Ich mach das wohl."
Ut Papier kreeg ik 'n Kragen.
Grotes Dook, de Kopp keek rut.
Nu, den bruukt he ja to'n Snieden
un de Scheer keem gau in Wuut.
Klippe, klappe, - klippe, klappe
„Hemm se höört, is dat nich dull,
ja de leve Politik,
langsam kriggst de Snuut von vull.
Den Filmstar is du Fru weglopen,
hebbt se dat denn noch ni höört?
Ja wi kriegt dat Inkoopszentrum,
na Klock tein keen Bus mehr föhrt.

Unse gode, ole Hoochbrüch,
wüllt so ok ja nu to Kleed.
Seggen se nich, dat dat von mi is,
aver ik, ik weet Bescheed.
„De Hohe Straat schall överdackt warrn,
un dat al in twee, dree Johr.
Oh, wat warrt dat wedder kösten,
aver wi, wi hebbt dat ja.
Büdelsdörp schall nu ja Stadt warrn.
Warrt för uns ´n Konkurrenz.
Oh, pardon, ik heff se sneden.“
Gau rop ´n Alaun-Essenz.
„Güstern sett uns Bürgermeister
mit uns Landrat, Stohl an Stohl.
Un se hebbt sik fein verdragen,
as dat jümmers wesen schull.“
„So, mien Herr, dat harrn wi wedder,
se seht tein Johr jünger ut.“
Gau de Hoor noch von den Antog
Un denn bin ik ok al rut.
Sühst du woll, ik segg jümmer,
Zeitunglesen do ik ja,
will ik aver klöker wesen, -
mien Friseur is ok noch dor!

Brootbacken

Mit mien Fründ Werner loop ik elkeen Sünndagmorgen över de Koppeln. Wi snackt denn över Dütt un Dat un anner Lüüd.

„Ik heff annerletzt maal Broot backt," sä Werner un keek heer unschullig achter dat Ontenpoor, dat ut'n Graven steeg. „Broot backt, mit'n fardige Backmischung ut'n Supermarkt, ... hett fein smeckt."

Ik stünn een poor Daag later in'n Schlang vör de Kass. Pralines harr ik köfft, för Marlene, denn Sünndag weer Modderdag. Modderdag heff ik noch ni nich vergeten. Modderdag kriegt Marlene Pralines.

Mit eens fall ik över dat Schild in een Regaal „Brotbakken kinderleicht mit unserer Backmischung" – Ha, wat Werner kann, kann ik al lang, dach ik so bi mi un pack mi de Backmischung in den Inkoopswagen.

Sünndag, - Modderdag, - dat weer noch meist düüster. Ik liesen hooch, - Marlene sleep noch.

Rin in'e Köök. Schappen op, - Schötteln rut, un denn de Brootform ut Blick. Marlene backt dor jümmers Zitronenkoken in. Denn dat Rezept dörchlees ... heel eenfach dat.

So, nu noch'n beten Mehl op'n Disch...

Ik heff vergeten to seggen, dat Marlene een niege Arbeitsplatt kregen hett. In bruun, ut Kunststoff, as man vondaag so hett, un se pass goot to de Kacheln un dat Kökenschapp...

Na, nu leeg de Deeg op'n Disch. Dat heet, - he leep op'n Disch...

Dat krieg ik al hin! Backmischung is ja noch dor. Arms opkrempelt – un denn güng dat Kneten loos. Jungedi, dat kwutsch dörch de Finger, - dor mutt sach noch'n beten Mehl to. Rin mit de Hannen in'e Mehltüüt. Maakt richtig Spaß.

Weet de Düvel woans dat leeg,... ik harr mit eens dat Geföhl, ik harr Kliester mang de Fingers. Un denn de Disch... de niege brune Arbeitsplatt leet den Brootdeeg nich mehr loos. De Deeg wull un wull nich dorvon daal. Jümmers mehr seet op'n Disch fast...

Sweetnatt weer ik, as dat Diert endlich in'e Form leeg. Rin dormit in den Backaven!

Gott si Dank, nu noch gau kloorschipp, Kaffee op'n Disch... Marlene warrt sik freun.

So, Faatdook ünner Water, schöön natt, un rop dormit op'n Disch. Junge, dat worr jümmers leger. As witte Smeer seet den Kraam an'n Disch fast. Mess rut, afkratzen, - hölp nich. Wedder mit Water. Ik keem richtig in Panik!

As ik mit Stahlwull den Disch to Kleed güng, stünn mit eens Marlene in'e Döör...

Ik will dor nich wieder op ingahn,... un denn meen se noch, ik schull man Modderdags bi Pralines blieven.

Dat Broot hett fein smeckt. Un Marlene schall een niege Dischplatte kriegen. In witt, dor kannst de Kratzer nich so seh'n.

Un Werner? Ik harr em mien Brootbacken vertellt. – Werner smuustert un sä: "Kiek. Denn hest de den sülven Fehler maakt as ik. Dor hört mehr Mehl op'n Disch." Harr he dat nich glieks seggen kunn?

Kaffeeklatsch

(Das kleine in Versform geschriebene Stück kann von vier oder fünf weiblichen Darstellern gespielt werden.)

Fru Hansen:	Mi dücht, wi fangt mit Kaffee an. Op Karin luurt wi nu nich mehr.
Fru Schmidt:	De Frau is jümmers ja de letzt, dat liggt an ehr Gesmeer.
Fru Möller:	Ja, wenn de Fru vör'n Spegel steiht, denn kann se sik vergeten.
Fru Weber:	Na ja, keen so as de utsüüt, dor kannst di licht mit meten.
Fru Möller:	Wat de to'n Klubfest treckt woll an, ik lach mi nu al doot.
Fru Schmidt:	Bi'n Koopmann stünn de annerletzt, Mit so'n, so'n groten Hoot.
Fru Hansen:	Un wo se snackt, un wo se deit, dor is dat Enn vun weg.
Fru Weber:	Wenn ik de Fru vun wieden seh', denn warrt mi nu al slecht.
Fru Schmidt:	Schenkst noch een beten Kaffee na? Wat smeckt de Kaffee fein.
Fru Möller:	Ja, Aldi-Kaffee de is goot, deist ok'n Ei mit rein?

Fru Hansen:	Möögt ji ok miene Förten denn? Ik back noch op'n Heerd!
Fru Möller:	Dat is doch nich to glöven, ik glööv, mi pett'n Peerd!
Fru Schmidt:	Ja, wenn man se in Kaffee tunkt, denn kann man se fein eten.
Fru Weber:	Dat hest nich wenn'd mit Hefe backst. Or hest du de vergeten?
Fru Hansen:	Backpulver nehm ik, dat geiht ok. Sünd se de denn to krosch? Hest du noch nich dien niege Teen?
Fru Schmidt:	Fraag blots nich, wat de kost!
Fru Möller:	Wullt du mit diene Voll-Protees to'n Klubfest etwa hin?
Fru Weber:	Wo sitt de scheef, de fallt doch rut, Dat hett doch keeneen Sinn!
Fru Schmidt:	Du büst blots bang, dat ik bi'n Danz dien Männe so betöör.
Fru Möller:	Du, Elli, dat hett pingelt, Dor is een an'e Döör *(Dat hett klingelt.)*
Fru Schmidt:	Dat warrt ja sach woll Karin ween, dat warrt ok langsam Tiet!
Fru Hansen:	Ik bitt ju, hollt sik beten trüch, ik mag vondaag keen Striet. *(Geht raus.)*

Fru Möller:	Wat de blots an de Karin findt,
	de bringt sik ja schier üm.
Fru Weber:	Pass op, wenn wi sünd lang to Huus,
	de blifft noch een paar Stünn.
	(Fru Hansen kommt mit Karin.)
Fru Schmidt	*(überfreundlich):*
	Dor büst du ja, mien leve Karin, -
	wat büst du wedder schier.
Fru Weber:	Ja du sühst jümmers so fein ut,
	as wullt du op'n Fier.
Fru Möller:	Un dien Make-up, hest dat von Elke?
	Du smeerst doch noch Avon?
Karin:	Ja, se harr letzt in't Angeboot
	een Lipstick super-long,
	un denn in... so een lilaroot,
	dor is mien Mann ganz weg.
Fru Hansen:	Mien Mann mag gar keen lila,
	he warrt dorvon blots slecht.
Fru Weber:	Na, stimmt dat ok mien Leve?
	He köfft letzt een Dessous,
	Ik heff em sehn bi Karstadt,
	In lila Farv! Du, DU!?
Fru Möller:	Nu kiek maal, Elli warrt ganz root!
	Du bruukst di nich generen.
Karin:	Ja, wenn man büschen sexy is,
	doot man sik nich blameren.

Frau Hansen: In Klaus sien Öller bruukt man dat!
                 He is ok nich ut Eisen!

Fru Weber: Wat is dat för'n Snackeree,
                 doot bitte nich entgleisen!

Fru Möller: To'n Danz treck ik mien Swattes an,
                 dor gah ik ganz as Vamp.

Fru Schmidt: Ik treck'n lang Plissee-Rock an,
                 dorto een kottes Hemd.
                 Blots mit BH, den Buuk ganz frie,
                 so'n büschen nackedei.

Fru Weber: Dat is mi to geneerlich,
                 (nimmt ein Förtchen)
                 ik nehm noch een, - ik bün so frei.

Fru Möller: Ach, seggt maal, hebbt ji dat al höört?
                 Hein Meier de geiht fremd!
                 Bi Lisa Timm heff ik em sehn,
                 op ehr'n Balkon, - ahn Hemd!
                 Ik bitt ju, snackt dor blots nich över,
                 ji weet, ik traatsch ja nich!

Fru Hansen: Dat is doch nich to glöven.
                 Wat is dat för'n Geschicht?!

Karin: Mi kiekt he ok so komisch an.
                 Ik glööv, ik bün sien Swarm.

Fru Möller: Bild' di doch blots nich sowat in,
                 He nimmt di op'n Arm.

Fru Schmidt: Hein Meier de steiht op Blondinen
                 op staatsche Fruuns, - as ik!

Fru Hansen: Ne, ne mien Deern, dat weet ik beter,
                 du büst em veel to dick!

Fru Schmidt: Nu höör maal, twee Pund heff ik
                 afnahmen, veer Weken sünd dat her.

Fru Weber: Ik bün nich för Diäten,
                 mien Mann mag beten mehr!

Fru Schmidt: An falschen Stellen afnehm',
                 dat deit man sowieso.
                 De Bossen de warrt lütter,
                 blots Hüfte nich, un Po.

Fru Hansen: Dat is uns Loos, ji Fruuns,
                 wi sünd ja licht to dick.

Fru Möller: De Mannslüüd hebbt dat beter,
                 een Mann mit Buuk is schick!

Fru Schmidt: Ja, ja, dat meent de Mannslüüd,
                 de neemt uns op'n Arm.

Fru Hansen: Ik heff em ok geern mollig,
                 un nich so'n Slotterdarm.

Karin: Nu warrt man nich gewöhnlich,
                 ik höör al gar nich hin.

Fru Schmidt: Du hest di jüst to mellen,
                 du hest doch een in Sinn!

Karin: Mi sünd de Mannslüüd piepegaal.
                 De Hauptsaak se hebbt Geld.
                 Ik söök noch een, de mi verföhrt,
                 un wiest mi denn de Welt.

Fru Möller:	Wat du dor söchst, mien leve Deern, dat weer ja eerste Wahl!?
Fru Weber:	De findst du ganz woanners, bestimmt nich hier in'n Saal!
Fru Schmidt:	Hest du noch beten Kaffee?
Fru Hansen:	Ach, bitte nehmt doch hin!
Fru Möller:	'n lütten Sluck, - de Köh de luurt, in' Kohstall mutt ik rin!
Fru Weber:	Wat, de Klocken sünd al fief? Wat de Tiet doch geiht. Tschüüs, ji Leven, bit to'n Danzfest, is ja nich mehr weit...
Fru Schmidt:	Ja, wi mööt nu ok sach gahn.
Karin:	Oh, das wird auch Zeit.
Fru Möller:	Velen Dank, ok för denn Kaffee, blots noch een Raat: Spoor nich mit Fett un Eier, denn sünd de Förtchen nich so hart.
Fru Schmidt:	Tschüüs, ji Leven, bit to'n Danzfest, an de Bar giff ik een ut!
Alle:	Tschüüs, tschüüs, tschüüs, all tosamen!
Fru Hansen:	Gott si Dank! Nu sünd se rut!

Fingerriemels

Lüttenfinger,
Goldenringer,
Langemeier,
Pottenschrubber,
Luusknacker.

Hirschbrunst in Niemünster

In Tierpark na Niemünster
Dor fohrt wi faken hin.
För uns is dat lütt Hagenbeck,
un bill'ger kümmst rin.

September weer't, de Hirsche schreet.
De Platzhirsch düchtig röhrt.
Sprung denn mit eens 'n Hirschkoh an,
wat to een Hirschbrunst höört.

Mien bei'n lütt Klabauters,
de keken sik dat an
un lepen gau to Oma
un trocken ehr da ran.

„Oh, Oma, Oma guck mal,
der tut ihr doch ganz weh."
Doch Oma seggt: „Dat deit he nich,
de maakt blots junge Reh."

Hjördis un Börje

Mien beiden Deerns, mien ganze Stolt,
de höllt dat Hart mi jung.
Un bün ik maal nich recht to pass,
se geevt mi wedder Swung.
Mit Opa hier un Opa dor,
so holt se mi in Gang.
De lütten Wehdaag markst denn nich,
so hebbt's di in'e Tang,
bi'n Schukeln oder Football öven,
wenn Oma röppt, - laat de man töven.

Allens blots Theater?

De Lütt de hett de Büxen vull
Un brüllt to'n Gott erbarm'.
De Groot de bringt 'n Fief na Huus,
un Vadder de maakt Larm.

De Dochter hett'n niegen Fründ,
geiht al mit em to Bett.
De Jung de fangt dat Smöken an.
De Wust is veel to fett.

Opa will den Nagel drapen,
haut sik dorbi op'n Duum.
Un dat Beerglas is blots halfvull,
baben is blots Schuum.

Dat Middageten kannst vergeten,
is totaal verbrennt.
Modder weer noch maal to Bett gahn,
harr de Tiet verpennt.

De Naver is an't Rasen meihen,
un dat in de Middagstünn.
Du liggst op'n Liegestohl,
hest Larm un schöne Sünn.

Vadder dörvt den Mund oprieten
bi de Füürwehr.
Blots to Huus, dor mutt he swiegen,
Modder seggt dor mehr.

Nu, dat Leven is maal so,
bunt as Navers Kater.
Un du kannst dorto blots seggen,
allens blots Theater.

Naversgoorn

Onkel Fritz un Onkel Detel harrn jümmers een in Sinn. Mien Modder harr bi de beiden een Steen in't Brett. Wenn wi to Besöök weern, in de Ferien, denn güng dat eerst na baben in de Schoosterwarksteed, un denn worr düchtig vertellt. De beiden Onkels leten denn Arbeit Arbeit sien, un güngen mit Modder in den groten Goorn. De Naversgoorn hört een Slachter Mohr to, wat Modder wüß. Onkel Fritz fraagt denn eens: „Du, Emmy, wen sien Goorn is dat?" „Mohrs," sä Modder. Un Onkel Detel sä: „Aver Emmy, sowat nimmst du in Mund, ik faat em nich maal an."

Wat Vadder vertell

Tine weer al fief Johr bi uns un'n düchtige Deern. Se güng uns Modder goot to Hand. Dat müß ok ween, dor seten Daag för Daag föfftein Mann to Disch. As Tine maal krank worr, keem Guste to uns as Uthölp. Se weer as Lüttdeern bi'n Groffsmitt un uns Modder harr se för een poor Daag utleent. Ik sä ja al, dat de Onkels jümmers een in'n Sinn harrn – un so fraag Onkel Fritz, as wi bi Disch seten denn Guste, of se bi'n Groffsmitt ok Vehtüch harrn. „Oh ja,“ sä Guste „Swien un Höhner.“ „Ok'n Hahn?“ fraag Onkel Detel. „Ne,“ sä Guste „een Hahn hebbt wi nich.“ „Dat is ja dull“ sä Onkel Fritz, „wokeen treedt denn de Höhner?“

„Dat maakt de Lehrjungs!“ sä Guste truschüllig.

Grippe

Mit Snöven fangt dat jümmers an,
un achterran kümmt Hoosten.
Denn deit di ok de Kopp noch weh,
bi't Hoosten ok de Bossen.
Du maakst nix hören, maakst nix seh'n,
sluckst lever noch'n Pille.
Dien Naver swöört op Dokters Pieks,
dien Fru op hitt' Kamille.
Du magst nich eten, blots veel drinken,
un Fever is an verdig ran.
Un keeneen mag di noch besöken,
wat man ja ok begriepen kann.
De Punde fallt so von di af.
Süst ut as een Gerippe.
Ik weet al, wat di fehlen deit,
du hest de Fröhjohrsgrippe.

Bi Fru Dokter

„Du schust ok man maal to'n Dokter gahn. Du büst ok al över sößtig." Wo faken heff ik dat al to hören kregen. Marlene, wat mien Fru is, mien Kinner, - all gaht se, wenn se maal Wehdaag hebbt, to Uta.

Uta is uns Fru Dokter, uns Huusdokter – un Uta is ehr Vörnamen. Un se hett in uns Familie een Steen in't Brett, - as man so seggen deit.

Blots mi, mi kenn se noch nich. Gottloff, mi deit ja ok nix weh.

So, ik heff di anmeldt bi Uta. In dree Daag schust du langkamen, Klock acht, nüchtern.
Wenn mien Fru so kott anbunnen is, denn is dat beter, du seggst nix. –

Dree Daag later. Klock acht sitt ik bi Uta in'n Töövruum. Un denn bün ik an de Reeg.
Lütte, smucke Fru, uns Fru Dokter. So tein bit fofftein Johr jünger as ik.

„Schön, daß wir uns auch mal kennenlernen. Machen Sie mal einen Striptease. Unterhose und Strümpfe können Sie anbehalten. Ich komme gleich wieder."

Rut weer se.

As ik in Boxershorts stünn (de Langen harr ik gottloff nich antrocken), weer Fru Dokter wedder in de Döör. „So, denn wollen wir Sie mal auf den Kopf stellen." Un denn güng dat loos. Afhorchen, Afkloppen, EKG twüschendörch. „Sie sollten mal ein bißchen abneh-

men." „ Na, dat seggt Marlene ok jümmers." „Legen
Sie sich mal auf die Liege." Sonographie, mit so'n lüt-
ten Apparaat geiht dat över mien Buuk. Op'n Bild-
schirm wies sik Uta mien Binnenleven.

„Sie haben Gallensteine. Hatten Sie mal Schmerzen? –
Nein, - gut, dann lassen wir sie sitzen. Leber, Nieren –
o. k."

Ach, dat is ja gar nich schlimm so'n Ünnersöökung.
Mien lütt Fru Dokter maakt dat goot.

„Wann waren Sie das letzte Mal zur Krebsvorsorge? Was,
noch nie?! – Das machen wir gleich mit!"

Bevör ik wat seggen kunn, harr ik mien Boxershorts al
in'e Kneen sitten – oh, oh, oh, - ik kreeg dat Sweten-

„Drehen Sie sich mal auf die Seite. Ziehen Sie die Knie
mal an." Ik kunn al gar nix mehr seggen.

„Na, sehen Sie, war doch gar nicht so schlimm, nicht
wahr, - alles in Ordnung." Gottloff!

„Sühst du woll," seggt Marlene as ik to Huus weer, „un
du wußt blots Fööt waschen."

De Dannboomverköper

Een Fraag, hebbt ji al maal Dannbööm verköfft? Ik meen so richtig, so as ik – von 6. Dezember bit to'n 24. Dezember. Op'n Paradeplatz?
Ji glöövt nich, wat dor al ünnerwegens is.
Dat gifft Lüüd, de kaamt, de kiekt un de köfft. – Dat sünd Lüüd, so as du un ik.
Denn gifft dat Lüüd, de jachtert von een Dannboomstand to'n annern un findt nix. Op't letzt gaht se to Holt un kamt mit'n schefen Boom na Huus – un mit slecht Geweten.
Ik harr mien Fründ Krischen maal wedder ünner de Arms grepen. Em weer een von sien Dannboomverköper utfullen. – Wokee Dannboom verköpen will, mutt man sik warm antrecken.

Twee Poor lange Ünnerbüxen, twee Pullovers, Jopp un Stevel mit Zeitungspapier utleggt.
Marlene harr mi de Thermoskann mit hitten, söten Tee mitgeven, un ik harr noch'n Schuß Rum todaan, wegen de Köll.

So utstaffeert heff ik mi richtig as Dannboomverköper föhlt – un dat hett ok richtig Spaaß maakt, dat Verköpen.

Wi harrn den 24. Dezember faat. In fief Minuten wull ik den Laden dich maken. Dree Bööm harr ik noch.
Un harr denn Pries von 22 Mark op teihn Mark daal sett. Da kaamt dor noch twee Lüüd anjachtert. De Fru, in so'n beigen Lamamantel mit'n swatten Persianer-

kragen op. He, so fief Meter achter ehr, in swatten Loden mit'n Seppelhoot op'n Dööts.

„Goden Daag," segg ik fründlich, - so as dat mien Oort is. De beiden keken sik an. „Is dat allens?!" „Na," segg ik „noch hebbt se frie Utwahl." „Utwahl? Dat is ja to'n Lachen. Utwahl, ganze dree Bööm! Wennehr hebbt se de slagen? – De seht ut, as weern se ut'n Vörjohr!"

Ik jümmers fründlich: „Güstern, güstern vörmiddag!" (Dannboomverköper dörf'n beten flunkern.)

De Fru: „De sünd ja al ganz andöcht, de sünd al vör acht Weken slaan!"

„Leve Fru,..." wieder keem ik nich.

„Ik bün nich ehr leve Fru! Dat is ja keen Wunner, wenn se de Bööm nich loos warrt, se versöökt, de Kunnen wat antodreihen!" Nu worr ik füünsch, un sä, se schull man schöön de Luft hollen, wenn se een Dannboom köpen will, „Bitte, hier sünd welk."

Da harr ik aver wat segg. „Wat hebbt se seggt? Dannbööm?" – De Olsch bevert richtig, „Se wüllt uns düsse scheefbenigen Bööm för Dannen verköpen?! Man schull se anmellen! Dat sünd Fichten! Jawoll, Fichten! Uns könnt se nich för dumm verköpen, uns nich!" Dat harr ik noch nich beleeft. „Dat weet ik ok, dat dat Fichten sünd, de meisten Dannböön sünd Fichten. Man seggt aver Dannboom un nich Fichtenboom", anteer ik ehr grantig.

„Dor hebbt wi dat, Karl-Hugo, hest dat höört?! Bewußte Irreführung is dat! Man schull se anmellen, denn verlehrt se den Bedriefschien!" Se wedder.

„Goot," segg ik. Ik wull se nu endlich loos warrn. „Goot,

ik will mi entschulligen, dat sünd Fichten, keen Dannbööm, Fichtenbööm, de letzten dree, un dorüm so billig. Wüllt se ni een köpen? Tein Mark dat Stück."

De Fru wiest nu von een Boom op den annern: „Hebbt se nich een Boom mit so'n Nadeln, un so'n Spitz un in düsse Grött?" „Ne," segg ik, „denn harrn se fröher kamen müß." „Denn harrn se mi doch 25 Mark afsnackt. Nadelt de ok nich?" „Ne," segg ik „de hollt bit to'n Sommer!" „Dor, dor full een daal!"

„Wo!?" „Dor, dor liggt se! De Boom nadelt!" „Kloor," segg ik „kloor fallt dor maal een af. Dat hest bi all Dannbööm." „Dat sünd Fichten!" „Ik weet, Fichten; Fichten nadelt ok."

„Ik will aver keen Fichtenboom hebben, de nu al nadelt!"

„Komm," seggt endlich ehr Keerl nu ok maal wat. „Wat schall düssen Boom hier kosten?"

„Na, dat wat dor opsteiht, tein Mark!"

„Ik will doch keen Wald köpen!"

„Also goot," segg ik „acht Mark!"

„Denn möten se aver hier noch'n Twieg rinsetten, dat hett mien Vadder ok jümmers maakt, wenn dor'n Lock weer." Se wedder. Ik harr meist weent.

„Dat geiht doch nich, ik kann nich för 'n acht-Marksboom ok noch'n Twieg rinsetten."

He wedder: „Denn sünd acht Mark to düür! Veer, veer Mark!"

„Goot," segg ik „se nehmt em so as he is, för söß

Mark!"

„Inverstaan, söß Mark. Weten se, wo de Flensborger Straat is?"

„Ja, op't anner Enn von de Stadt."

„Dor bringt se den Boom hin. Nummer 283, to Clausen, dat bün ik. De grote Villa mit de Mahagonifinster. Aver twüschen Klock fief un söß!"

„Ik kann doch nich för söß Mark..." Wieder keem ik nich.

„Goot," segg de Fru, „för'n Daler klemm ik mi den Boom ünner'n Arm."

Ik muß na Luft jappen. „Hier, söken sik en ut! He schall nix kosten! Blots weg! Blots weg!"

„Karl-Hugo," segg de Fru, „laat de Finger dorvon! Dor is'n Haken bi! Komm, wi findt noch'n Boom, wo de Bedeenung beter is, wo man uns nich över't Ohr hauen will!" Weg weern se.

Ik in mien Raasch, Bliefedder rut, - Priese dörchstreken un op de Schiller ropschreven: ZU VERSCHENKEN; ZU VERSCHENKEN; ZU VERSCHENKEN.

Aktentasch, Thermoskann, - un af.

An de Eck dreih ik mi noch maal üm.

Kümmt doch de Fru mit den Lamamantel wedder ansleken, klemmt sik een Boom ünner'n Arm un af von Hoff.

FROHE WIEHNACHEN!

De Wiehnachtsmuus

De Wiehnachtsmuus de warrt nu krall.
In Sommer hett se slapen.
Se kümmt eerst, wenn dat Backtiet is,
machween du warrst se drapen.

De lütte Muus is düchtig klook,
findt jümmers de Verstecken.
Uns Modder stellt de Doos so hooch,
se deit sik dorna recken.

Denn Wiehnachtspletten mag se geern,
ok Schokolaad un Kringel.
Se gifft eerst Roh, bit allens weg,
kennst du den lütten Slingel?

Wenn Modder seggt, dat is ja dull,
nix seker is in't Huus.
Denn seggt de Kinner: „Wi weern't nich,
dat weer de Wiehnachtsmuus."

Wenn aver Doos un Teller leer,
un Liefpien is vergeten.
Is weg mit eens de Wiehnachtsmuus,
se hett nich mehr to eten.

Mann, wenn dat Johr is wedder rüm,
un Plätten sünd in't Huus,
denn kümmt se wedder, glöövt mi dat,
de freche Wiehnachtsmuus.

Wiehnachts-Sekretariaat

(En lütt Speel vör Wiehnachtsmann un dree Engel)

Zwei Engel sind bei den Akten. Schreibtisch, Telefon und Radio. Weihnachtsmusik spielt.

Engel 2:	Maak den Kassen maal ut. Den Helen Daag Wiehnachtsmusik. As in Koophuus, al veer Weken lang. Dat höllt ja keen Engel ut! *(Telefon klingelt.)*
Engel 1:	Zentrale! Ja, ja, - ne, dat geiht ok nich. Ne, du hest recht, Niklaas, denn bring dat wedder mit. – laat Strümp un Schoh man dor. Ne, denn mööt wi dat twüschen de Daag ümtuschen. – Tschüüs,- un laat de Peer nich so lopen, is düchtig wat loos op'e Straten. *(legt auf)*
Engel 2:	Na, wedder'n Reklamation?
Engel 1:	Ach, ik verstah de Minschen nich, de geiht dat eenfach to goot...
Engel 3:	Nich all!
Engel 1:	Ik weet, aver de Politiker...
Engel 2:	Nu laat de Politik ut'n Speel, - dat is nich uns Beer...

Engel 1:	To'n Bispill Hansi Schütt ut Holtkebarg, eerst wull he 'n Schleern, denn 'n Iesenbahn, denn een Raketenauto, - un as Niklaas Nr. 23 bi em in't Huus is, dor hett he op'n Wunschzettel stahn: „Ich wünsche mir eine komplette Skiausrüstung und, und…"
Engel 3:	Ik verstah dat ok nich. Mööt denn jümmers de Wünsche all erfülltwarrn? – Mööt de Kinner nich bi Tieden lehrn, dat man nich jümmers allens kriegen kann, wat man hebben möch?
Engel 1:	Recht hest du!
Engel 2:	Un wo recht du hest. – Ik meen, dat is ok nich richtig stüürt, von baben, de Een hett allens un kann sik allens köpen, de Anner hett nich maal noog to'n Leven…süh, dor kümmt de Wiehnachtsmann!
	(Weihnachtsmann kommt herein.)
Wiehnachts-mann:	Na, Kinners, - wo wiet sünd ji? Wat sünd ji benaut? Wi hebbt dat doch nu bald to faten. Denn maakt wi eerst maal Urlaub!
Engel 1:	Ach, wi snackt jüst över de Unstüür in de Welt.

| Engel 3: | Wo ungerecht allens verdeelt is. |

| Engel 2: | De Een hett to veel, de Anner
nich noog to Leven. |

| Wiehnachts-
mann: | Ik weet Kinnerslüüd, dat is al lang,
so as dat Minschen geven deit. Wi
veer könnt dat ok nich ännern. |

| Engel 1: | Lett sik dat von baben nichs stüürn? |

| Wiehnachts-
mann: | Kann man, ja, - ik heff ok al mit uns
leven Gott snackt... |

| Engel 2: | Un wat meen he? |

| Wiehnachts-
mann: | Dat mutt von de Minschen utgahn.
He meent, de Minschen, de allens
kriegen, de allens köpen könnt, de
von uns to Wiehnachten överleidig
op'n Disch kriegt, de mööt to Besin-
nung kamen. Wi könnt, wi schullen
dor nich helpen. |

(Telefon klingelt.)

| Engel 3: | Sekretariaat Wiehnachtsmann! -
Ogenblick, ik mutt maal sehn, of ik
stören kann, - he is in'n Besprekung...
Wiehnachtsmann, Niklaas Nr. 184
is an de Stripp...
(Weihnachtsmann geht ans Telefon.) |

Wiehnachts- mann:	Ja, hier Wiehnachtsmann!...Ach, dat is ja nett,...kloor, dat geiht loos...Ik schriev dat even op: Altersheim Sonnenschein in Hasenberg... Na, Klock söß kam ik lang. Du kannst mi dorbi hölpen. Bit denn! *(legt auf)* Wobi weern wi?
Engel 1:	Bi de Ungerechtigkeit, de in de Welt dor ünnen op'e Eer is.
Wiehnachts- mann:	Kinner, wi dot, wat wi könnt, - wi hebbt de Opgaav, de Minschen to beschenken, mehr nich!
Engel 2:	Schullen wi de Minschen denn nich statt Skiutrüstung un Iesenbahn lever Geföhl, Insicht, Grips un en goot Hart to Wiehnachten bringen?
Wiehnachts- mann:	Mien lever Engel Nr. 2, denn warrst du aver keen Freud maken. Geföhl, Insicht, un Grips, dat kannst du nich faten, nich sehn, dor maakst du de Minschen keen Freud mit.
Engel 3:	Ik glööv, du hest recht. Dat mutt so blieven, as dat is.
Engel 2:	Ik heff'n Infall!

Wiehnachts-
mann: Rut dormit!

Engel 2:   Bi all Geschenke, de wi daal to
               de Minschen bringt, packen wi
               in Tokunft en beten Godes, - en
               beten Geföhl, en beten Grips mit bi.

Wiehnachts-
mann: Keen slechten Infall! Nich to veel,
               blots so'n beten, denn markt de
               Minschen dat nich. Un
               eensenweg kaamt se sülben op
               den Dreih.

Engel 1:   ...un dat man ok an de armen
               Minschen denken mutt.

               (Telefon klingelt.)

Engel 3:   Sekretariaat Wiehnachtsmann...
               för di, Wiehnachtsmann!

Wiehnachts-
mann: Wiehnachtsmann! Ja, ja, ja,... ach,
               dat is aver schöön... Dat freut mi!...
               Ne, Niklaas, laat em liekers den
               Buurnhoff dor! Un grööt Klein
               Heini von mi!
               (legt auf.)

Engel 3:   Wat geev dat?

Wiehnachts- mann:	Klein Heini ut Schülp hett op'n Wunschzettel den Buurnhoff dörchstreken un dörünner schreven: „Ich wünsche mir, daß mein Freund Markus wieder gesund wird und bald aus dem Krankenhaus kommt."
Engel 1:	Denn is de Minschheit doch noch to retten.
Wiehnachts- mann:	Dat weer doch een Wiehnachten!

To'n Sluß

De Hals is dröög, de Tung warrt swoor.
Ik bün an't Enn, un dat is wohr:
Ji weern mien bestes Publikum,
un ik vertell ju ok worüm.
Keen sleep, keen maakt de Ogen dich
Bi miene Riemels, mien Geschicht.
Ji güng fein mit, hebbt ok maal lacht,
dat bruukt man, wenn man vörn steiht sacht.
För mi weer dit hier een Vergnögen.
Ik freu mi, doot sik anner högen.
Ik segg nu tschüüs, - hollt ju gesund,
denn kaamt ji ok nich op'n Hund.

Inhaltsverzeichnis